DISCOURS

PRONONCÉ LE MERCREDI 26 AOUT 1891

AUX OBSÈQUES

DE

M. Léon GUÉRARD

Professeur a la Faculté de Droit de Rennes

Avocat près la Cour d'Appel

Officier de l'Instruction publique

PAR

M. A. EON

Doyen de la Faculté de Droit

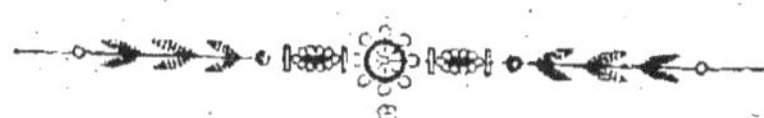

RENNES

Imprimerie E. Baraise et Cie, place Saint-Michel, 7

—

1891

DISCOURS

PRONONCÉ LE MERCREDI 26 AOUT 1891

AUX OBSÈQUES

DE

M. LÉON GUÉRARD

Professeur a la Faculté de Droit de Rennes

Avocat près la Cour d'Appel

Officier de l'Instruction publique

PAR

M. A. EON

Doyen de la Faculté de Droit

RENNES

Imprimerie E. Baraise et Cie, place Saint-Michel, 7

1891

Nos deuils se multiplient.

C'est la Faculté de Droit, naguère si éprouvée, qui est appelée aujourd'hui encore à pleurer un de ses membres, comme c'était, il y a deux mois à peine, le tour de la Faculté des Lettres, frappée dans la personne de son Doyen.

Guérard lui rendait avec nous les derniers devoirs. Et déjà, cependant, lui aussi était atteint. On remarquait dans sa démarche un certain affaissement ; il avait perdu quelque chose de sa vivacité et de son entrain. Mais il comptait et nous comptions comme lui sur le repos prochain des vacances, sans nous douter, hélas ! que ce devait être l'éternel repos.

Il a participé encore à la plupart des examens de notre laborieuse session de juillet, mais bientôt la maladie est devenue aiguë et l'a terrassé.

Ce n'est pas, Messieurs, sans une poignante émotion que j'adresse à cet excellent collègue, à ce vieil ami, les derniers adieux.

Comment en serait-il autrement ? Léon Guérard n'a pas 50 ans ; son précieux concours nous paraissait donc acquis pour longtemps. — De plus, il nous appartenait doublement, car il fut l'élève de la Faculté avant de s'y placer au rang des maîtres.

Né à Loué, dans le département de la Sarthe, il termina à Paris ses études littéraires ; il les poursuivit même au-delà de la limite ordinaire et eut un instant l'idée de s'y livrer d'une manière définitive. Puis, encouragé par sa famille, il entreprit son droit.

Après une première année d'études faites à Paris, il les continua brillamment à . Rennes, où son père venait d'être appelé par ses fonctions.

Licencié en 1865, il fut reçu docteur en janvier 1868. — Pendant même la préparation de son doctorat, il avait préludé par des leçons privées aux difficiles épreuves de l'agrégation. Il en sortit avec le titre d'agrégé en 1870.

Il se consacra alors avec la conscience la plus scrupuleuse à ses fonctions, sans s'y absorber néanmoins tout entier : — Avocat, il parut à diverses reprises à la barre et non sans succès, mais il y renonça de bonne heure. C'est aux Lettres qu'il fit une part et un peu aussi à la politique.

La modération bien connue de ses idées n'excluait point chez lui l'énergie des convictions ; et ce n'est pas sans ardeur ni sans courage qu'il défendit, à toute époque et contre tous, les opinions profondément libérales et républicaines qui furent toujours les siennes.

Il le fit dans la Presse locale avec un incontestable talent de polémiste et de lettré, — avec une entière indépendance vis-à-vis des partis, même du sien, — avec une courtoisie enfin qui forçait l'estime et les sympathies de ses adversaires eux-mêmes.

Ces mêmes qualités, il les apporta dans l'accomplissement des mandats électifs dont il fut successivement investi comme conseiller municipal, comme conseiller d'arrondissement et dans un trop court passage au Conseil général. — Et si la fortune cessa de lui être fidèle, lui, du moins, le fut invariablement à la ligne de conduite qu'il s'était tracée.

Ce ne furent là toutefois que des intermèdes dans sa vie. C'est à nous, c'est à ses travaux professionnels qu'il en réserva la principale et la meilleure portion.

Il fut chargé d'abord du cours de législation criminelle, puis, en avril 1874, d'un cours de droit civil, et devint en décembre 1875 titulaire de la chaire qu'il occupait comme chargé de cours.

On peut dire qu'il avait trouvé sa voie. Son enseignement, vivifié par l'étude des origines historiques et philosophiques de nos institutions civiles, par une critique sage et éclairée, fut immédiatement apprécié à toute sa valeur. Il se fit remarquer par la clarté de l'exposition, par les excellentes divisions et la méthode adoptées, par la distinction de la forme. Son esprit toujours en éveil ne pouvait d'ailleurs se contenter des premiers efforts. Il s'appliqua sans cesse à perfectionner et à compléter ses leçons qui, sans rien perdre de leur netteté, prirent de plus en plus un caractère de haut enseignement.

Guérard professa donc le droit civil avec une incontestable autorité ; et si nous ne regrettions pas, avant tout, le cher et excellent collègue qui nous est enlevé, ce n'est que justice de dire que nous aurions à regretter non moins amèrement le professeur.

Il fut en outre chargé à diverses reprises de cours complémentaires de doctorat, soit d'un cours de droit des gens, soit du cours de droit constitutionnel ou d'un cours de saisies. Il s'acquitta de ces missions avec le même zèle et la même compétence. Le droit constitutionnel, notamment, semble avoir eu pour lui un attrait particulier, sans doute parce qu'il y rencontrait quelques-unes de ses théories préférées, sans aucun des soucis des luttes de Presse.

Celles-ci ne laissent après elles que traces éphémères. Qu'il nous soit permis d'exprimer une plainte discrète, c'est que notre ami, qui eut toujours devant lui un idéal si élevé, n'ait pas consacré plus tôt ses loisirs à la théorie pure et que, par sa fin imprévue, les documents amassés sur tant d'objets divers risquent d'être perdus pour la science.

Guérard était depuis longtemps officier

d'Académie. Ses services hautement re-
connus le firent nommer, au 1er janvier 1887,
officier de l'Instruction publique.

En décembre 1889, il fut élu par ses col-
lègues pour être un des deux délégués de la
Faculté de Droit au Conseil général des
Facultés et presque aussitôt désigné par le
Conseil général lui-même pour le poste de
secrétaire. Il y succédait à notre autre et
regretté collègue de la Faculté des Lettres
Dupuy, dont la fin a précédé de si près la
sienne, que pour nous leurs noms restent
associés l'un à l'autre.

Ces honneurs sitôt évanouis attesteront
du moins, avec l'estime qu'avait su conqué-
rir le maître érudit, les sincères affections
qui s'attachaient à l'homme. Elles étaient
commandées par les hautes qualités morales
qui le distinguaient : nature ouverte et
bienveillante, caractère foncièrement hon-
nête et droit, cœur loyal et généreux, —
tel a été Guérard.

La mort ne pouvait pas le surprendre.

Il l'a vue venir à lui avec le calme et la
résignation d'un philosophe et d'un chrétien.

Il retrouvera dans un monde meilleur
ceux pour qui fut sa dernière pensée et à
qui, par une préoccupation touchante, il
voulut aussi être réuni dans la tombe.

Ce n'est pas seulement en effet sa dépouille
mortelle qui devra quitter cette ville, ce
sont aussi celles de son père, de sa grand'-
mère, de sa mère, morte celle-ci la dernière,

en laissant derrière elle une solitude dont le poids lui fut si lourd.

Nous, Messieurs, rendons hommage à ce double sentiment de piété filiale et d'attachement au sol natal. Et si le marbre qui recouvrira les cendres de Léon Guérard doit s'élever loin de nous, nous lui garderons dans nos cœurs un souvenir impérissable.

Rennes. imp^{ie} E. BARAISE et Cie, place St-Michel, 7.